ÉLOGE FUNÈBRE

DE M. L'ABBÉ

JOSEPH-ANTOINE DUCRET

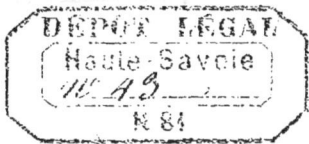

Confrères vénérés, mes bien-chers Frères,

La mort toujours terrible vient de frapper un de ces coups imprévus, soudains, qui jettent l'épouvante et la désolation.

Il y a huit jours, à cette heure même, M. l'abbé Ducret, supérieur du Collége et Petit-Séminaire de Rumilly, assistait encore plein de force et de vie à la distribution solennelle des prix de cet établissement. Sa parole franche, sympathique, émue, trouvait un écho dans tous les cœurs. C'était le chant du cygne et le dernier adieu à tout ce qu'il aimait le plus sur la terre.

Il y a trois jours, oh! souvenir douloureux! il quittait cette maison d'éducation si animée durant le cours de l'année scolaire, devenue silencieuse depuis le départ des élèves pour les vacances. Il partait, entouré de ses collaborateurs et de ses confrères comme d'un cortège d'honneur, et allait commencer le temps du repos en visitant l'humble presbytère d'un jeune prêtre tout récemment nommé à son premier poste de curé, et qu'il avait entouré de sympathie et d'affection durant les jours d'une longue et pénible maladie. Qui eût put prévoir, à l'heure du joyeux départ, que le bon Supérieur ne reverrait plus sa ville natale, ses parents, ses amis, son collège, que la mort, l'impitoyable mort viendrait le surprendre au milieu des premiers loisirs qu'il avait voulu partager avec ses dignes collègues ! O Dieu, vos desseins sont impénétrables, vos pensées et vos conseils, si durs qu'ils nous paraissent, échappent à nos investigations : en face de cette catastrophe et de cette grande douleur, nous ne pouvons qu'adorer et nous soumettre à votre volonté sainte, dans les sentiments de la plus humble et de la plus entière résignation.

Ici, mes frères, et à ce moment solennel, la mort parle plus éloquemment que toute parole humaine. Je devrais donc, en face de cette tombe, garder un morne silence, laisser vos âmes sous le poids des sérieuses réflexions que cette mort prématurée vous inspire : je devrais laisser couler vos larmes, s'exhaler vos regrets, monter vers le trône du Tout-Puissant vos pieuses et touchantes supplications ! Tout au moins, semblait-il convenable de laisser à des voix plus autorisées que la mienne le soin de vous parler de ce prêtre vénéré, si digne d'estime et d'affection.

Et, cependant, malgré tout, je n'ai pu résister à l'invitation qui m'a été faite, aux désirs de sa famille, de ses amis, de ses collaborateurs, à l'attente légitime de cette population et surtout à l'irrésistible et pressant besoin de mon cœur fidèle et reconnaissant. Des liens trop nombreux et trop étroits m'unissaient à cette belle âme depuis mes plus tendres années pour que je ne laissasse pas déborder le trop plein de mon cœur dans cette douloureuse circonstance. Élève du regretté défunt au Collége National de Chambéry, de 1850 à 1853, honoré sans cesse depuis lors des sympathies et de la tendresse paternelle de ce saint prêtre, plus tard curé de sa paroisse natale, reçu par lui le premier à l'entrée de cette cité dans les termes les plus touchants, uni à sa personne pendant mon trop court séjour dans cette ville par les liens de la plus respectueuse amitié et d'une parfaite communauté de pensées et de sentiments, n'était-il pas juste et naturel que je vinsse lui payer en ce jour et à cette heure suprême la dette sacrée de l'affection et de la reconnaissance ?

C'est vous dire, mes bien chers Frères, que mon cœur seul parlera dans cette triste cérémonie, que seul il essaiera de vous redire les louanges, les mérites et les vertus de l'homme distingué, du citoyen fidèle, du prêtre accompli dont nous pleurons la mort.

L'abbé Joseph-Antoine Ducret appartient à cette cité par son origine : c'est ici qu'il vint au monde et que s'écoulèrent ses premières années, au sein d'une famille justement considérée pour la vivacité de sa foi et ses mœurs vraiment patriarcales. Son père, homme juste par excellence, unissait à la simplicité de la vie, à une existence austère et laborieuse, le culte traditionnel du devoir et des pratiques religieuses : il a légué à sa nombreuse famille l'héritage le plus précieux et le plus estimé, celui d'une vie exemplaire couronnée par une belle et sainte mort. Sa pieuse mère était une de ces femmes d'autrefois, chez lesquelles le sentiment chrétien dominait toute autre pensée, femme forte et dévouée, dont les pages inspirées nous ont tracé l'admirable portrait. Elle avait apprécié à sa juste valeur la grande et noble mission que Dieu confie à la mère de famille : son premier soin fut de faire de ses enfants des chrétiens convaincus et courageux. Le Seigneur ne pouvait manquer de bénir des parents aussi vertueux, et si l'on juge de l'arbre par ses fruits, nous pourrons facilement nous convaincre de l'incomparable vigueur et de la sève féconde de cette humble mais glorieuse lignée. Un fils prêtre, un autre religieux dans l'ordre fondé par saint

Bruno, deux filles consacrées au service du Seigneur, l'une au Sacré-Cœur, l'autre chez les Ursulines, voilà, sans rien enlever au mérite de ceux qui restèrent dans le monde, quatre fleurs privilégiées écloses dans le jardin de la mère de famille sous le souffle embaumé de la piété et de la vertu.

C'est sous cette bienfaisante et salutaire influence que le jeune Antoine apprit à aimer Dieu, la prière, toutes les choses bonnes et saintes; son intelligence précoce semblait lire dans le cœur de sa mère comme dans un livre ouvert; il croissait chaque jour dans la sagesse et dans l'amour du bien. Le Maître semblait préparer son fidèle serviteur et prédestiner de bonne heure cette âme simple et candide à une vocation supérieure et surhumaine. La grâce de Jésus-Christ faisait son œuvre et le temps était venu où elle devait se manifester au dehors pour la sanctification de son âme et l'édification du prochain. Elève du petit-séminaire de Rumilly, jeune lévite du sanctuaire à Chambéry d'abord et ensuite à Saint-Sulpice, Antoine DUCRET donne à sa famille comme à l'Eglise et à son pays les plus légitimes espérances. C'est au Grand-Séminaire de Saint-Sulpice, pépinière de prêtres éminents et d'illustres évêques, qu'il termine avec succès ses études ecclésiastiques. Il reçoit l'onction sacrée du sacerdoce le 6 juin 1846 des mains de Mgr Affre, archevêque de Paris, de grande et sainte mémoire.

Les premières années de son sacerdoce sont consacrées à l'instruction et à l'éducation de la jeunesse : s'inspirant des pensées du Maître, il aime l'enfance d'un amour de prédilection; et n'est-ce pas sous l'impression de ce sentiment qui fut celui de sa vie entière qu'il redisait, il y a peu de jours, dans son discours de fin d'année : « Sans « nous flatter et sans méconnaître les imperfections « inhérentes aux œuvres humaines, nous répétons avec

« confiance la parole du Maître : Laissez venir à nous
« les petits enfants, ne les empêchez pas de nous écouter
« et de nous aimer ? »

C'est ainsi que, suivant les entraînements de son cœur et toujours fidèle cependant à la voix de l'obéissance, il fut successivement régent de rhétorique et d'humanités en 1847; professeur titulaire de la même classe en 1848, après un examen subi avec louange, *cum laude;* professeur de grammaire au Collège national de Chambéry durant plusieurs années; directeur spirituel de l'Ecole universitaire secondaire de cette même ville; membre de la Commission chargée de l'examen des maîtresses d'école par décret ministériel du 6 décembre 1849; professeur de sixième au Lycée de Chambéry, après l'annexion de la Savoie à la France, en octobre 1860; professeur nommé de cinquième au Lycée de Mâcon en octobre 1861.

Chaque année, pendant neuf longs mois, il travaillait avec assiduité à la préparation de ses cours et à la formation intellectuelle et morale de ses chers élèves. Nous le respections comme un maître; nous l'aimions comme un père et, pour ma part, à trente années de distance, je n'ai point oublié ce que son enseignement avait à la fois d'instructif et d'attrayant. Puis, quand l'heure du repos succédait aux labeurs de l'année scolaire, le jeune professeur, toujours avide de connaissances nouvelles, prenait le bâton du voyageur et entreprenait avec ses amis quelqu'une de ces pérégrinations où la science et la piété trouvaient leur aliment.

C'est durant les vacances de 1863 qu'il fit ce grand voyage en Terre-Sainte dont il nous a laissé, sur la prière de ses amis et d'après des notes recueillies au jour le jour, le pieux et touchant souvenir. Mgr Leuillieux, notre nouvel archevêque, bon juge en pareille matière, m'en parlait hier matin dans les termes les plus flatteurs et m'assurait l'avoir lu avec un intérêt et un plaisir tout particuliers.

Les fatigues de ce long et pénible voyage ne tardèrent pas à se faire ressentir. Une cruelle maladie vint mettre en péril les jours de l'abbé Ducret. Des congés illimités, nécessités par l'état de sa santé, lui sont accordés par le gouvernement; mais le jeune professeur ne tarde pas à comprendre que ses forces épuisées ne lui permettent pas de continuer la carrière de l'enseignement. Il y renonce tout à fait et consacre quelques mois au rétablissement d'une santé profondément ébranlée. Quand, à force de soins et de ménagements, son état s'est sensiblement amélioré, le repos devient lourd et sensible à cet homme d'étude et de travail : il demande une position dans le diocèse à ses supérieurs ecclésiastiques, et la cure des Mollettes près de Montmélian étant devenue vacante, il en est nommé le titulaire. Pendant dix années, de 1865 à 1875, il reste curé de campagne, consacrant à sa paroisse son activité et son zèle infatigable. Bon pasteur dans toute la force du mot, il connaît ses brebis, il les aime, ses brebis le connaissent et le paient d'un juste retour. C'est dans ce champ humble et modeste confié à sa sollicitude qu'il exerce fructueusement les fonctions pastorales. Sans négliger les riches et les grands, il se plaît toutefois à visiter les malades, à consoler les affligés, à secourir les pauvres. Ces dix années de ministère pastoral peuvent se résumer en un seul mot de nos saint livres : il a passé en faisant le bien, *pertransiit benefaciendo.*

Bientôt cependant un horizon plus vaste, un terrain plus difficile à défricher sera ouvert à l'infatigable dévouement de l'ouvrier évangélique. Un attrait irrésistible et facile à comprendre lui fait tourner ses regards vers le collège de Rumilly, berceau de son enfance et qui vient de perdre son chef; vers la patrie absente, vers une famille dans laquelle les liens du sang et de l'amitié sont si fortement rivés.

Il accepte sans trop d'hésitation, mais aussi sans se dissimuler les difficultés de sa nouvelle charge, le lourd fardeau que l'autorité place sur ses épaules.

La direction d'un collége fut toujours œuvre de patience, d'abnégation et de dévouement : mais les temps troublés que nous traversons ont rendu le travail plus ingrat, la tâche plus délicate et plus pénible. Instruire et élever la jeunesse, maîtriser par une sage et douce fermeté l'ardeur impétueuse des enfants de notre temps, diriger vers le bien ce besoin inné d'indépendance et de liberté qui circule dans les veines de nos générations actuelles, former les âmes tout à la fois à la science, à la piété, à la vertu, à tout ce qui fait l'homme et le chrétien, quel champ immense à cultiver, quel travail de tous les jours et de tous les instants, quelle responsabilité devant Dieu, devant l'Eglise et devant les âmes !

Il le comprenait bien, notre vénéré Supérieur, quand il disait le jour de la distribution des prix : « Les parents
« viennent reprendre le dépôt précieux qu'ils nous ont
« confié ; ce dépôt, nous savons combien il leur est
« cher et ce n'est pas sans crainte que nous le recevons
« chaque fois. Mais, lorsque nous arrivons au terme de
« nos travaux, nous remercions Dieu de pouvoir le
« remettre entre leurs mains non-seulement intact,
« mais encore plus développé et plus précieux. C'est à
« ce but que visent tous nos efforts, toute notre solli-
« citude : telle est la tâche continue, difficile, méritoire,
« à laquelle se dévouent tous ceux qui dans la maison
« ont une charge à remplir..... »

Le devoir bien compris est toujours plus facile à faire : aussi ne nous étonnons pas s'il consacre à la direction de cet important établissement tout ce que la Providence lui a donné de ressources intellectuelles et morales, de force physique, de dévouement patriotique et sacerdotal. Pendant les cinq années de son supériorat, son exquise politesse, la distinction de ses manières, l'amabilité et la bonté de son caractère lui concilient le respect et la confiance des familles, l'estime et les sympathies du corps professoral, l'affection de ses élèves. C'est par le cœur surtout qu'il règne dans la Communauté qu'il dirige : sa délicate et paternelle tendresse attire à lui cette jeunesse ardente et mobile, et plus d'une fois le jeune homme de 15 à 18 ans est arrêté sur la pente glissante de la légèreté et de la dissipation par la crainte de déplaire ou de causer la moindre peine à son digne et vénéré Supérieur.

Nature délicate et sensible, âme vive et impressionnable, cœur aimant, généreux, dévoué, l'abbé Ducret jouissait comme il souffrait d'un rien. La plus petite attention, la moindre prévenance changeait le cours de ses idées, déridait son front, ouvrait son cœur et le disposait à tous les sacrifices comme à tous les travaux. Alors plus de peine et de labeur, plus de fatigue et de tristesse. Son âme, reprenant au milieu des préoccupations de sa vie sa teinte native, s'épanouissait riante, pleine d'abandon et d'une douce gaîté. Le mot pour rire ne tardait pas à glisser sur ses lèvres et la verve gauloise enrichie de l'humour savoyarde donnait à sa conversation d'heureuses saillies et des mots pleins de charmes.

Mais ce qui dominait surtout parmi les qualités de l'abbé Ducret, supérieur, le trait saillant de la direction imprimée à son établissement, c'était la piété, une piété douce et aimable, de nature à impressionner et à entraîner les jeunes enfants confiés à ses soins. Sans négliger l'étude et les sciences profanes, il donnait le premier rang à l'instruction religieuse et voulait que l'éducation de la jeunesse fût avant tout chrétienne et morale dans le vrai sens de l'Évangile et de son divin Auteur. Il savait, par une longue expérience des hommes et des choses, que, suivant la parole du grand Apôtre des nations, la piété est utile à tout, qu'elle a les promesses de la vie présente et de la vie future, et que, par une conséquence rigoureuse, le directeur d'une maison d'éducation, le supérieur d'un petit-séminaire, n'a fait que la plus petite partie de son devoir s'il n'a disposé la jeunesse aux influences salutaires et durables de la religion, de la piété et de la vertu.

Il convient bien de mentionner ici en passant que plus d'une fois, dans sa carrière sacerdotale, les honneurs vinrent atteindre l'abbé DUCRET sans qu'il les eût ambitionnés ou recherchés : ils étaient un juste hommage rendu à ses travaux et à ses mérites personnels.

Il a décliné, *par crainte,* disait-il, *de se perdre à la cour,* le périlleux honneur de faire l'éducation du jeune duc de Gênes, et le fait est d'autant plus à sa louange que, dans sa modestie, il n'en parla presque jamais. Ce n'est qu'après sa mort que ce détail de sa vie intime est arrivée à ma connnaissance.

Par lettre du 20 décembre 1862, et à la suite d'intéressantes publications, il fut nommé membre correspondant de l'Académie des Sciences et Belles-Lettres de Chambéry.

Le 25 avril 1868, il fut déclaré par titre authentique du patriarche Arménien de Cilicie, Antoine-Pierre IX, *Avakerez* de Constantinople en récompense de son zèle pour les œuvres d'Orient. Cette dignité, qui signifie *Archiprêtre honoraire*, est la plus haute qui dans le pays puisse être accordée à un simple prêtre.

Enfin, en 1879, et par une délicate attention, le jour même de la fête de Saint-Anastase son patron, Mgr Pichenot, archevêque de Chambéry, lui conféra la dignité de chanoine honoraire de sa basilique Métropolitaine, voulant ainsi donner au collége de Rumilly et à son digne supérieur un témoignage particulier de son estime et de son affection.

Tous ces titres cependant, si honorifiques et si glorieux qu'ils paraissent aux yeux du monde, ne sont plus rien, hélas ! en face de la mort. *Vanité des vanités, tout n'est que vanité excepté aimer Dieu et le servir.* Grâce à Dieu, l'abbé Ducret l'avait bien compris, il n'avait point attaché son cœur à ses distinctions honorifiques, quelque méritées qu'elles fussent, et s'il en faisait quelque cas, c'était bien moins pour lui-même que pour l'œuvre importante qu'il devait conduire à bonne fin.

A ce moment suprême et décisif, ce qui reste au chrétien couché dans la tombe, au prêtre de Jésus-Christ surpris par la mort et qui vient de rendre son âme à son Créateur, ce qui reste, ce sont ses œuvres : *opera enim eorum sequuntur illos.* Il n'emporte avec lui dans son cercueil ni les honneurs, ni les richesses, ni les plaisirs, ni la gloire (car la figure de ce monde passe comme une ombre), mais le bien qu'il a fait, les œuvres qu'il a réalisées, les mérites qu'il a paisiblement recueillis sur le chemin douloureux de la vie.

N'est-ce pas là, mes Frères, notre unique espérance et notre seule consolation ? Si cette mort subite a jeté le trouble et l'alarme dans vos cœurs, c'est bien plus en nous faisant penser à nous-mêmes et à nos destinées éternelles qu'à celui dont le trépas nous plonge dans la tristesse, mais dont la vie exemplaire reste pour tous ceux qui l'ont connu comme un sujet d'édification et de bon exemple. Pendant les soixante années de son existence, et surtout pendant les trente-cinq années de sa carrière sacerdotale, il est toujours demeuré fidèle à son Seigneur et à son Maître. Son cœur a aimé toutes les choses saintes, toutes les grandes et nobles causes.

Il a aimé Dieu, il l'a servi ; il l'a fait aimer et servir,

procurant ainsi la gloire du Seigneur et la sanctification de ses frères.

Il a aimé le Sauveur Jésus, et, non content de le trouver, de l'adorer, de l'aimer dans son divin Tabernacle, c'est sur les traces de ses pas qu'il a voulu recueillir en Terre-Sainte le souvenir de sa vie divine et le parfum de ses vertus, dans les lieux mêmes consacrés par sa présence et par ses miracles, par sa passion et par sa mort.

Il a aimé la bienheureuse Vierge Marie, sa mère, et en particulier Notre-Dame-de-l'Aumône, dont le nom seul faisait battre son cœur, dont le sanctuaire béni avait toutes ses prédilections, et sous la protection de laquelle il ne manqua jamais de placer ses entreprises et ses travaux.

Il a aimé l'Eglise de Jésus-Christ, l'épouse immaculée du Christ, son chef vénérable, le successeur de saint Pierre ; c'est sans doute cet amour de l'Eglise et de la Papauté qui l'a conduit trois fois dans la Ville-Eternelle, au tombeau des saints Apôtres et aux pieds du Vicaire de Jésus-Christ ; c'est cet amour ardent qui l'inspire dans tout ce qu'il écrit, et qui se manifeste spécialement dans cette correspondance régulière faite à bâtons rompus dans ses courts moments de loisir et transmise à l'*Echo de Fourvières* de Lyon ; c'est cet amour, enfin, qui le préoccupait si justement sur les destinées présentes de la société catholique, et sur les luttes qu'elle soutient de nos jours avec tant de fermeté et de courage contre l'impiété et la révolution.

Il a aimé son pays, le sol qui l'a vu naître, la paroisse qui abrita ses jeunes années, le collège où il avait fait ses premières études, où il occupait maintenant le premier rang. Oh ! oui, il était vraiment Rumillien par tout son être, et rien de ce qui touchait à l'honneur, aux intérêts et à la prospérité de cette ville ne lui était étranger.

Il partageait vos joies et vos tristesses, vos espérances et vos douleurs. Il vivait des souvenirs d'un glorieux passé, et s'efforçait de maintenir au milieu de vous ces traditions qui tendent à disparaître partout, et qui constituent cependant le vrai patrimoine et la gloire d'un pays. L'avenir ne le laissait pas sans inquiétude ; plus d'une fois, son cœur attristé a gémi en silence sur le sort réservé à des institutions et à des œuvres que vos pères ont établies ou favorisées, que le temps et les services rendus ont doublement consacrées, les rendant dignes à jamais de votre vénération et de votre reconnaissance. La fibre du patriotisme vibrait avec force dans sa poitrine ardente ; l'amour de Dieu et de la patrie se partageait ce noble cœur.

Vous le saviez, mes Frères, mieux que je ne puis le dire, et tout en ce moment le prouve à l'évidence. La présence du Conseil municipal et de son chef, ces chants et ces harmonies funèbres, cette population sympathique et attristée, ces magasins fermés en signe de deuil sur tout le passage du cortège, cette consternation générale répandue sur les visages, ces honneurs de tout genre rendus aux dépouilles mortelles du regretté défunt, proclament bien haut que vous estimiez en lui l'homme de cœur, le bon et saint prêtre, mais aussi le concitoyen fidèle et dévoué à son pays. Honneur à lui ! Honneur à vous !

Hélas ! mes frères, toute vie humaine a son terme fatal ; nos jours sont comptés, et Dieu seul a le secret de l'heure suprême. Notre cher défunt est mort sans doute d'une mort inopinée. Toutefois, laissez-moi vous le dire, son âme sacerdotale avait eu comme une secrète intuition de sa fin prochaine, un vague pressentiment que Dieu ne tarderait pas à l'appeler à lui. Du reste, ses forces avaient sensiblement diminué, sa santé exigeait des ménagements auxquels il n'était point habitué, et ne laissait pas de donner à ses amis de sérieuses inquiétudes.

Souvent, durant cette année, dans des causeries familières, dans des épanchements intimes, il se plaisait à parler de la mort. Réunissant une dernière fois, avant la fin de l'année, les membres de la Congrégation de Saint-Louis, et leur adressant ses paternelles exhortations avant leur départ du collège, il laissa échapper ces tristes paroles qui semblent maintenant une douloureuse prédiction : « Mes chers enfants, si vous entendez dire « pendant les vacances que votre Supérieur est mort, « vous prierez pour lui. »

Hélas ! mes Frères, la prévision s'est réalisée, l'évènement s'est accompli : il est mort, notre vénéré Confrère ; il est mort, mais à la brêche et au devoir ; il est mort après avoir rempli, jusqu'au dernier jour de l'année, son laborieux ministère ; il est mort, ayant célébré le matin même le divin sacrifice, reçu dans son cœur et dans sa chair mortelle l'Hostie sainte et immaculée ; il est mort, venant de prier Dieu, de réciter l'office sacré, n'entrevoyant pas l'horreur du trépas, la crainte des jugements de Dieu, sous les yeux et dans les bras de ses collaborateurs et de ses amis atterrés. Mort à la fois terrible et consolante, effrayante et douce cependant, nous rappelant, pour celui qu'elle a frappé si rapidement, ces paroles de nos saints livres : « Bienheureux ceux qui « meurent dans le Seigneur. — *Beati qui in Domino* « *moriuntur.* »

Et maintenant, mes Frères, ne laissons point passer sans en retirer quelque fruit ces grands et salutaires enseignements de la mort. Une voix mystérieuse semble sortir de cette tombe et nous répéter à tous, sans distinction, ces formidables paroles du Juge souverain des vivants et des morts : « Et vous, soyez prêts, car, à « l'heure où vous y penserez le moins, le Fils de l'homme « viendra. — *Et vos estote parati.* »

Prêtres vénérés, venus de tous les points de ce diocèse et des paroisses les plus rapprochées du diocèse voisin pour prendre part à cette triste cérémonie et donner à une famille cruellement éprouvée le consolant témoignage de votre présence aux obsèques d'un de ses membres aimés, permettez-moi de vous rappeler, dans la franchise de mon langage apostolique, ce que vous savez sans doute mieux que moi : *Estote parati*. Nous voyons bien souvent la mort de près, nous assistons les malades à leur dernière heure et les préparons au grand voyage de l'éternité, et, chose étrange cependant, nous sommes exposés, plus que les autres, à garder jusqu'au dernier moment les espérances et les illusions de la vie, et à mourir peut-être sans avoir reçu les derniers secours et les consolations suprêmes de la religion sainte, dont nous sommes les ministres. Soyons donc prêts, car, pour nous aussi, l'heure est proche où le Seigneur nous demandera compte de notre administration. *Redde rationem villicationis tuæ.*

Pieux fidèles de tout sexe et de toute condition que je trouve si nombreux, si empressés, si désolés autour de ces restes mortels, recueillez, vous aussi, la redoutable et sévère leçon de la mort. Elle est peut-être à votre porte. Ne dites pas comme l'impie ou l'indifférent : « demain, demain. » Un terrible et nouvel exemple vient de vous faire toucher du doigt que, non-seulement le lendemain ne nous appartient pas, mais que le jour commencé, que l'heure présente peuvent nous échapper et voir se briser soudain le fil de notre existence.

Aurez-vous un prêtre au moment suprême, et, si vous l'avez près de votre lit d'agonie, aurez-vous le temps de vous reconnaître, le ministre de Dieu pourra-t-il vous absoudre et vous réconcilier avec le ciel ? Je l'espère, je le désire, mais c'est le secret du Seigneur, et il ne m'appartient pas plus qu'à vous de le connaître et de le sonder. Soyez donc prêts, mes Frères, vous crierai-je de toutes mes forces, et avec toute l'énergie et tout le zèle de mon âme sacerdotale : *Estote parati.*

O père, ô frère, ô ami, dont la tombe s'est ouverte et fermée si rapidement, reposez en paix ! Recevez ici-bas les derniers hommages de ceux qui vous ont aimé sur la terre, qui forment en ce moment votre cortège funèbre et qui vous garderont dans leurs cœurs un pieux et fidèle souvenir.

Recevez au ciel la récompense de vos mérites et de vos vertus, l'immortelle couronne de justice et de gloire. Attendez pour votre corps, en ce moment froid et inanimé, attendez dans l'espérance chrétienne le jour de la résurrection et du triomphe complet. Nous ne nous disons pas *adieu*, mais *au revoir,* dans la céleste Jérusalem, dans la vision et la possession de notre Dieu !

En attendant cet éternel revoir, du haut des cieux, veillez sur tout ce que vous avez aimé, veillez sur cette famille bénie que vous laissez dans la désolation et dans les larmes : votre place y était si bien marquée, votre douce influence s'y faisait si heureusement sentir !

Veillez sur cette famille plus nombreuse que vous aviez adoptée, que vous aimiez à l'égal de la vôtre et qui, par votre mort, est veuve de son chef et de son guide. « Chers enfants, leur disiez-vous au moment d'un « départ qui ne devait pas être pour tous sans retour, je « vous dis *adieu*, je salue spécialement ceux qui ont « fini et qui ne reviendront pas. Allez, chers jeunes « gens, vous emportez notre affection, vous marcherez « toujours sous la bannière du travail, de l'honneur et « du devoir, vous ne vendrez jamais votre âme. Rap- « pelez-vous que rien ici-bas n'est assez précieux pour « l'acheter. »

Veillez sur cette cité et cette paroisse de Rumilly, qui vous étaient particulièrement chères, et où votre souvenir restera vivant comme celui d'un protecteur et d'un ami.

Veillez sur vos confrères, sur les nombreux amis que vous laissez encore dans les combats et les épreuves de cette vie ; ils prieront pour vous dans cette vallée des larmes, vous ne les oublierez pas non plus dans l'heureux séjour du bonheur et de la gloire.

Et vous, Seigneur, Dieu de bonté et de miséricorde, écoutez notre humble et fervente prière.

Accordez à votre bon et fidèle serviteur le lieu du rafraîchissement, de la lumière et de la paix, *locum refrigerii, lucis et pacis, ut indulgeas deprecamur.*

Donnez-lui le repos éternel, et que la lumière de la gloire brille à ses yeux, *Requiem æternam dona ei, Domine, et lux perpetua luceat ei.* Qu'il repose en paix, *Requiescat in pace. Amen.*

www.ingramcontent.com/pod-product-compliance
Lightning Source LLC
Chambersburg PA
CBHW060927050426
42453CB00010B/1886